M. HERVEY Artiste du Th. du Vaud.le Rôle du Petit Beaujasmin dans Omazette
Parodie d'Omasis   ((On dit q'vous me d'mandais.))

OMAZETTE,

O U

JOZET EN CHAMPAGNE.

PARODIE D'OMASIS,

O U

JOSEPH EN ÉGYPTE,

Vaudeville en un acte, par M. BARRÉ, RADET, DESFONTAINES et DIEULAFOY.

Représenté pour la première fois, à Paris, *sur le Théâtre* du VAUDEVILLE, *le 6 octobre 1806.*

Prix 25 sous, avec portrait.

A PARIS,

CHEZ Madame Masson, Libraire-Editeur de pièces de Théâtre et de Musique, rue de l'Echelle, N°. 10, près celle S. Honoré.

AN M. DCCC. VII.

COUPLET D'ANNONCE.

AIR : *du Vaud. d'Arlequin afficheur.*

Ce bon Joseph dans son pays
Fut, dit on, vendu par ses frères ;
Même on dit qu'il doit dans Paris
Être vendu par les libraires.
Notre Joset, enfant perdu,
Comme lui, craint plus d'un faux frère ;
Empêchez qu'il ne soit vendu
Aux malins du parterre.

AVIS.

OMAZETTE

ou

JOSET EN CHAMPAGNE.

PARODIE D'OMASIS.

SCENE PREMIERE.

OMAZETTE, HAZARDEL.

OMAZETTE. *il entre rapidement.*

A moi, docteur Hazardel, à moi.

HAZARDEL, *entrant de même.*

Eh ! mon dieu ! monsieur Omazette, que vous arrive-t-il ?

OMAZETTE.

Air : *Vaud. de monsieur Guillaume.*

Depuis long-tems, mon ami, je vous aime,

HAZARDEL.

Et votre ami ne vous aime pas moins.

OMAZETTE.

J'ai de vous un besoin extrême;

HAZARDEL.

Vous pouvez compter sur mes soins,

Aux médecins la confiance est chère,

Je veux la vôtre, elle est mon bien.

OMAZETTE.

Ah ! cher docteur, vous l'avez tout entière,

Car je me porte bien.

HAZARDEL.

Que voulez-vous donc de moi ?

OMAZETTE, *d'un ton oppressé*

Quand je dis que je me porte bien, c'est-à-dire, que je meurs, que j'étouffe...

HAZARDEL.

De quoi ?

OMAZETTE.

D'une hémorrhagie de paroles, d'un flux de narrations

d'une indigestion de secrets ; enfin d'un torrent de phrases magnifiques.

H A Z A R D E L.

Ah ! mon Dieu, dépêchez-vous !

O M A Z E T T E.

Croyez-vous que nous ne serons pas interrompus dans cette cour ?

H A Z A R D E L.

Et par qui ? Tous vos gens sont occupés au magasin à livrer des farines, et vous savez que le bourgeois, M. Farinon, ne sort jamais de sa chambre où nous le retenons, la goutte et moi.

O M A Z E T T E, *très-rapidement.*

Eh bien ! mon ami, apprenez... que je suis fils de Jaco ; Jaco, ce berger si connu dans le pays de Caux ; Jaco dont je fus séparé, à l'âge de douze ans, par la trahison de mes frères devenus jaloux de ma grace et de mon esprit.

H A Z A R D E L.

S'il vous était possible d'aller moins vite.

O M A Z E T T E, *toujours rapidement.*

Impossib'e.... Les cruels, un jour de foire de St.-Malo, m'engagent comme mousse sur un vaisseau prêt à partir. Nous partons. La foudre gronde, battu par la tempête, pris par un corsaire, jetté sur les côtes d'Afrique. *En changeant de climats, j'ai changé de couleur, et de costume.*

H A Z A R D E L.

Changé de couleur !

O M A Z E T T E.

Air : *Daignez m'épargner le reste.*

Est-il rien qui change les gens,

Comme le mal qui les assiége :

Mon teint offrait avant ce tems

La douce blancheur de la neige.

Tout-à-coup mes traits rembrunis,

O ! métamorphose soudaine !

Le soleil, les fruits du pays,

L'air du pays, l'eau du pays,

Ont changé l'ivoire en ébène.

H A Z A R D E L.

Permettez. Je me connais en physique, et je ne crois pas..

O M A Z E T T E, *sans l'écouter.*

Hé ! qui pourra le croire. Ennuyé de l'esclavage, fatigué du travail, dégoûté de la bastonade, je fais mon paquet qui n'est pas lourd, et par des chemins de traverse, de sable en sable, de rochers en rochers, j'arrive dans les plaines de la Champagne, à la porte de la ferme de M. Farinou.

HAZARDEL.

Qui vous donne ses moutons en garde.

OMAZETTE.

Oui, mon ami, j'en gardais quatre-vingt-dix-neuf, et vous, vous les guérissiez de la clavelée.

HAZARDEL.

Oh ! par humanité ! Ainsi votre vrai nom n'est point Omazette.

OMAZETTE.

Eh ! non. C'est un sobriquet qui me fut donné lors du mauvais rêve que fit votre bourgeois. Il vous souvient de ce tas d'imbécilles qu'il appela auprès de lui.

HAZARDEL.

Oui. Je devais en être.

OMAZETTE.

Air : *La Boulangère.*

L'un veut qu'on le mène à Paris,

Afin qu'il s'y remette.

Du bon sens et des bons esprits

C'est, dit-il, la retraite.

Surpris,

Je m'écrie : O Mazette.!

Flattons ses yeux, dit un voisin,

Au salon qu'on le jette ;

De Raphaël et du Poussin

C'est l'école parfaite.

Soudain

Je répète : O Mazette !

Non, dit un autre, son transport

Veut une autre recette ;

Il propose du vieux castor,

La musique refaite,

Et plus fort

Je m'écrie : O Mazette !

HAZARDEL.

Toujours Omazette?

O M A Z E T T E.

Enfin , je répétai ce mot si souvent et si à propos , que le surnom m'en est resté.

H A Z A R D E L.

Ah! vous avez tout dit.

O M A Z E T T E.

Doucement. Il y a encore de l'oppression du côté du cœur. Vous vous rappellez ces onze mendiants qui se présentèrent, il y a six semaines , pour demander un peu de farine!

H A Z A R D E L.

Quoi ! ces vilaines figures !

O M A Z E T T E.

Insolent !
« *L'âge de leurs ayeux touche au berceau du monde.* »

H A Z A R D E L.

Comment l'âge touche... Qu'est-ce que cela veut dire ?

O M A Z E T T E.

Cela veut dire qu'ils sont gentilshommes normands , et moi aussi. Les fils du grand Jaco.... la plus belle race de l'univers.

Air : *Si Dorilas.*

De son renom cette race hardie

Fatigue encor tous les échos ,

C'était l'honneur de notre Normandie

Et l'orgueil du pays de Caux.

Enfin , mon cher , chose extraordinaire ,

Et qu'on ne reverra jamais ,

Sur douze enfans notre vertueux père

N'avait que dix mauvais sujets.

H A Z A R D E L.

Ce n'est pas trop ; il y a comme ça des familles d'honnêtes gens.

O M A Z E T T E.

Qu'importe! Je reconnais mes frères, ils ne me reconnaissent pas. J'en renvoye neuf, j'en garde deux, ce petit Beaujasmin qui prévient tout le monde, et Simon, ce fumeur, qui ne salue personne , excepté mon ennemi Rafflès. Mais je m'en moque. Sa sœur m'aime... Farinon m'aime... Tout le monde m'aime.. Mon père arrive ce soir. J'épouse demain , j'ai dit, et je respire.

H A Z A R D E L.

Et moi aussi... Pauvre papa Jaco ! vous allez d'abord vous jetter dans ses bras,

O M A Z E T T E.

Pas si bête. Je le tuerais de plaisir ; je lui parlerai comme
si de rien n'était, comme si nous ne nous étions jamais vus,
et je compte sur vous pour filer notre reconnaissance.

H A Z A R D E L.

Ah ! Je comprends , toujours, de l'esprit.

O M A Z E T T E.

Que voulez-vous , c'est de famille ; en attendant , si vous
rencontrez le petit Beaujasmin, faites-moi le plaisir de
me l'envoyer.

H A Z A R D E L.

Je n'y manquerai pas... Celui-là n'était pas de l'embar-
quement.

O M A Z E T T E.

Oh ! non. Il était occupé ailleurs , *il essayait la lumière du*
soleil.

Air : *Vaudeville de l'Épreuve villageoise.*

Allez... j'en suis quitte ,

Mon affaire est dite ,

J'ai parlé très-vite ;

Mais j'étais pressé.

H A Z A R D E L.

Hier , si vous aviez commencé ,

Vous n'auriez pas été forcé

D'aller aujourd'hui si vite.

(*il sort.*)

O M A Z E T T E.

Il a raison.

S C E N E   I I.

O M A Z E T T E, *seul.*

Ah ! que je me sens soulagé , et qu'il est doux de parler long-tems à quelqu'un qui a la patience de vous écouter.
C'est un plaisir que je n'ai pas avec le maître du logis ;
on ne le voit jamais ce Farinon. Il est vrai qu'en qua-
lité de premier commis, j'achète , je vends , je donne. Il
n'y regarde pas , et c'est quelque chose.

Air : *Femmes, voulez-vous éprouver.*

Je suis un garçon bienheureux

Et d'un bien joli caractère,

Sans me fâcher , là sous mes yeux.
Je vois mon grand coquin de frère.
Un rien m'amuse tout le jour ,
Et , par grace particulière ,
Je n'ai que ce qu'il faut d'amour
Pour dormir la nuit toute entière.

SCENE   III.

OMAZETTE, BEAUJASMIN.

BEAUJASMIN. *Il a l'accent normand , et mange une pomme.*
On dit que vous me demandais.

OMAZETTE, *à part.*

Air : *Il faut des Époux assortis.*

Ah ! le voilà mon bien-aimé ,
Que de fraîcheur , et que de grâce ?
Beaujasmin ! qu'il fut bien nommé !
C'est cette fleur qu'il nous retrace.
Pourtant charmé de tant d'appas ,
L'œil doute encor , et quelque chose
Semble à nos cœurs dire tout bas
Que le jasmin cache la rose.

Approchez mon petit ami.

BEAUJASMIN.

Me vl'à tout près , monsieur Omazette.

OMAZETTE, *à part.*

Il faut qu'il m'apprenne tout ce que je sais... (*haut.*) comment te trouves-tu dans cette maison ?

BEAUJASMIN.

Pas mal, Dieu merci. Quoique ça, les pommes de Champagne, ne valent pas celles de chez nous.

OMAZETTE.

Et ton frere Simon ?

BEAUJASMIN.

Simon ! ah ! ben, qu'est-ce qui sait ce qu'il a, c'est un songe creux.

OMAZETTE.

Depuis quand la tristesse a-t-elle, dans sa fleur, desséché sa jeunesse.

B E A U J A S M I N.
Depuis que j'avons perdu un de nos frères.
O M A Z E T T E.
Vous avez perdu....
B E A U J A S M I N.
Joset le doux, un beau garçon, joli brin d'homme, qu'avait
encor plus d'esprit que nous tous.
O M A Z E T T E.
Quand, et comment l'avez-vous perdu?
B E A U J A S M I N.
Oh! ça, c'est une histoire.
O M A Z E T T E, *lui serrant le bras vivement.*
Mon ami . . . .
B E A U J A S M I N, *effrayé.*
Qu'est-ce qui vous prend donc?
O M A Z E T T E, *d'un ton doux.*
Contez-moi l'histoire de monsieur votre frère, je vous
en prie.
B E A U J A S M I N.
Oh! je le veux bien.
(*Il chante sur le ton des montagnards.*)

AIR : *Cantique de Joseph.*

Un matin, dix de mes frères,

Pour affaires,

S'en furent à St.-Malo.

A la foire ils allaient vendre

Et survendre

La laine du grand troupeau.
O M A Z E T T E.
C'est bien cela.
B E A U J A S M I N.

Comme ils ne revenaient guère,

Notre père
Murmurait entre ses dents.

Ah! disait-il, puis-je croire

Qu'à la foire

On ait trompé des marchands.
O M A Z E T T E.
La chose eût été difficile.
B E A U J A S M I N.
Joset dit, ô Père tendre,

Daigne attendre.

Devers eux je vais courir,

Demain je te les ramène,

Et sans peine,

S'ils veulent bien revenir.

OMAZETTE.

Oui. Je dois avoir dit ça.

BEAUJASMIN.

Eh bien ! pars , je te l'ordonne,

Et te donne

Ces sabots ; sois diligent :

Porte à tes frères mes larmes,

Mes alarmes,

Et rapporte-moi l'argent.

OMAZETTE.

O sentiment paternel !

BEAUJASMIN.

Enfin mes frères reviennent ,

Et nous tiennent

Ce lamentable propos :

Joset est mort en voyage.

Quel dommage !

Nous n'avons que ses sabots.

OMAZETTE.

Ah ! les vilains menteurs. Et par quel accident ce pauvre jeune homme a-t-il perdu la vie ?

BEAUJASMIN.

Ah ! dame ! mes bons frères ont dit comme ça que les lions de S.-Malo...

OMAZETTE.

Les lions de S.-Malo !

BEAUJASMIN.

Eh non ! les chiens de S.-Malo !

OMAZETTE.

Lui avaient mordu les jambes ?

BEAUJASMIN.

Ah ! ben oui ! il n'y a que ses sabots qu'ils n'ont pas pu avaler ; aussi not' pere les conserve-t-il précieusement ; il les a mis sur sa cheminée, et il est là qui les regarde.

OMAZETTE.

Quoi ! c'est toute son occupation ?

B E A U J A S M I N.

Oh! pardonnez-moi ! *il fait des contes à ses enfans, boit du cidre, mange des pommes, et il pleure.*

O M A Z E T T E.

Il pleure !

B E A U J A S M I N.

Gnia plus que ça qui l'amuse.

J O S E T.

Air : *Mon Père était Pot.*

Eh quoi ! sans cesse et sans repos,

Jaco dans sa demeure

Devant sa paire de sabots

Gémit, soupire et pleure.

B E A U J A S M I N.

Il pleure en parlant,

Il pleure en marchant.

En tous lieux, à toute heure,

Il pleure en dînant,

Il pleure en soupant,

En dormant même il pleure.

O M A Z E T T E.

Et l'on n'a pas essayé de le distraire.

B E A U J A S M I N.

Oh! que si. J'avons fait toutes sortes de manigance pour le faire rire. Le maître d'école lui lisait tous les romans nouveaux, toutes les comédies nouvelles. Eh ben ! tout ce que j'avons pu faire, ça été de l'endormir de tems en tems.

O M A Z E T T E.

Hélas !

B E A U J A S M I N.

Enfin finale. J'lavons mené à Paris pour l'y faire voir le fameux Jocrisse.

O M A Z E T T E.

J'espère qu'il a ri.

B E A U J A S M I N.

Ah! ben oui, il ne l'a pas plutôt vu que ça li a rappellé notre frère, et qu'il s'est pris à pleurer si fort, que tout le monde a crié à la porte: l'enfant Si ben que j'avons été obligé d'emmener notre bon père.

O M A Z E T T E.

O! douleur indéracinable!

B E A U J A S M I N.

Par mon ame c'est ben triste pour nous de le voir comme
ça.

O M A Z E T T E.

Mon ami, je vous suis bien obligé de m'avoir dit tout ce
que je voulais vous faire dire.

B E A U J A S M I N.

Ah! j'vous l'aurais ben dit le premier jour si vous me l'a-
viez demandé.

O M A Z E T T E.

Au reste, consolez - vous, consolez votre frère Simon ;
votre père sera bientôt consolé, nous nous consolerons tous
ensemble.

B E A U J A S M I N.

Est-ce que vous allez venir au pays?

O M A Z E T T E.

Non, mon petit, c'est votre papa qui va demeurer dans
celui-ci. Je l'attends aujourd'hui même avec toute sa famille.

B E A U J A S M I N.

Tiens, c'est pour remplir tout un coche.

O M A Z E T T E

Je veux que le bon Papa se fixe auprès de moi.

B E A U J A S M I N.

Oh! il ne voudra point.

O M A Z E T T E.

Je le traiterai sibien qu'il n'aura pas envie de s'en retourner,
la bonne chere, le bonvin, le repos, les petits jeux, le cent
de piquet, le mariage, la bête......

B E A U J A S M I N.

Tout ça est bel et bon. Mais vous n'avez pas ce qu'il
lui faut.

O M A Z E T T E.

Je vous promets qu'il ne manquera de rien....

B E A U J A S M I N.

Bah! *les sabots de Joseph sont-ils dans ces climats?*

O M A Z E T T E, *pressant Beaujasmin dans ses bras.*
Ah!.......

B E A U J A S M I N.

Mais laissez donc. Par mon ame vous avez là un drole de tic.

SCENE IV.

LES PRECEDENS, INUTILIS *arrivent très-empressés.*

O M A Z E T T E.

Ah! vous voilà, ma chère Inutilis... Venez.

I N U T I L I s.

Mon ami, vous allez sûrement me dire quelque **chose.**

O m a z e t t e.

Oh oui !

I n u t i l i s.

De notre amour.

O m a z e t t e.

Oh non !

I n u t i l i s.

Non.

       Air : *Vous ne m'aimez guères.*

Quoi ! vous viendrez tous les jours

Me parler de mainte affaire ,

Et jamais de nos amours.

Je suis loin d'être colère,

Mais je vous le dis tout bas.

Mon p'tit cœur, vous n'maimez guères ,

Puisque vous n'm'en parlez pas.

      Hélas !

Vous n'maimez pas !

O m a z e t t e.

Je vous aime, mais il ne s'agit pas de cela : il s'agit de mon bonheur.

I n u t i l i s.

Nous nous marions donc aujourd'hui.

O m a z e t t e.

Laissons le mariage... Apprenez , non , n'apprenez pas encore... Si vous saviez, que dis-je, vous ne devez rien savoir... Seulement n'oubliez pas que Jaco est le père de Simon ; que Simon est le frère de Beaujasmin ; que le vieux Jaco arrive ce soir avec ses autres enfans, et qu'aujourd'hui.. Viens , mon petit ami.

I n u t i l i s.

Eh bien ! vous me quittez comme ça.

O m a z e t t e.

Je ne puis pas mieux faire.

I n u t i l i s.

Mais écoutez-moi donc.

B e a u j a m i n.

Oui, oui, écoutez la ; elle a un petit parler bien **doux ,** ben gentil.

I n u t i l i s.

Je venais pour vous dire qu'il se trame quelque chose

contre vous, et que ce vilain Normand est sans cesse à chu-
chotter avec mon frère.

OMAZETTE.

Soyez tranquille. J'ai lu dans l'avenir; j'ai tiré les cartes,
et je réponds de tout.

INUTILIS.

Mais enfin mon frère est furieux, il vous en veut.

OMAZETTE.

Lui ! eh bien ! je lui conseille de m'en vouloir ! De quoi
se plaint-il ?

INUTILIS.

De ce que vous lui avez fait perdre sa place.

OMAZETTE.

Allons, les voilà tous.

Air : *Vaudeville de l'Avare.*

Des honnêtes gens de sa sorte

C'est bien là le ton, et l'humeur.

Mettez un coquin à la porte ;

Le premier il crie au voleur.

A celui-ci, par grâce extrême,

On laisse tout ce qu'il a pris.

Ah ! qne de fripons dans Paris

Voudraient être chassés de même.

(*à Beaujasmin.*) Viens, mon petit.

INUTILIS.

Arrêtez ! quand nous reverrons-nous ?

OMAZETTE, *avec tendresse.*

Oh ! ça, par exemple, je l'ignore.

(*il sort avec Beaujasmin.*)

SCENE V.

INUTILIS, GOTHON.

INUTILIS.

Quelle aimable modestie ! comme il me quitte sagement !

Air : *De la Croisée.*

L'amour l'a fait selon mon vœu.

Il est simple, je suis naïve,

Je suis discrette, il parle peu,

Il est craintif, je suis craintive.

Même douceur est dans nos yeux,

Sur notre front même décence,

Et je ne sais lequel des deux

    A le plus d'innocence.

Ah! voici le fumeur... il est amoureux de moi, et il vient pour me le dire.

SCENE VI.

S I M O N, *à part.*

Air : *Du lendemain.*

Que mon sort est étrange !

Et comment le soutenir ?

Sans appétit je mange,

Je m'enivre sans plaisir.   *portant la main à la*

Qu'ai-je donc là qui me gêne,   *gorge.*

Du remords c'est le tourment.

Morbleu c'était bien la peine

    D'être normand.

I N U T I L I S, *minaudant.*

Il cherche le moyen de m'aborder... Hem!... hem!...

S I M O N.

Ah! voilà celle que j'adore.

        (*il tire sa pipe.*)

I N U T I L I S.

Air : *Quoi! ma voisine, etc.*

Monsieur n'a pas l'air à son aise.

S I M O N.

Pas tout-à-fait.

I N U T I L I S.

N'est-il céans rien qui lui plaise.

S I M O N.

C'est mon secret.

I N U T I L I S.

Ici les femmes sont fort belles.

S I M O N.

Je l' vois bien.

I N U T I L I S.

Elles sont sages et fidèles.

S I M O N.

Je n'en sais rien.

I N U T I L I S.

Ah! vous n'en savez rien. Il faut le piquer... Vous savez sans doute que je me marie aujourd'hui, ou demain.

S I M O N.

Vous vous mariez?

I N U T I L I S.

J'épouse monsieur Omazette.

S I M O N.

Vous l'épousez!

I N U T I L I S.

Certainement, et nous attendons monsieur votre père et toute votre famille pour danser à la noce.

S I M O N, *épouvanté.*

Faire danser mon père.

I N U T I L I S.

Oui, Monsieur.

Air: *Rendez-moi mon écuelle.*

Nous ferons danser votre papa,
Vous danserez vous-même.

S I M O N.

Moi.

I N U T I L I S.

Le petit Beaujasmin dansera
Avec sa grâce extrême.

S I M O N.

Quoi! mon père, un vieillard chargé d'ans,
Souffrir ainsi qu'on le ballote.

I N U T I L I S.

Et n'avons-nous pas de grands-mamans
Qui dansent la gavotte.

S I M O N, *furieux.*

De quel droit fait-on voyager un vieillard qui se trouve bien chez lui? De quel droit me retient-on dans une basse-cour, quand je ne demande qu'à courir les champs? Et pourquoi veut-on que je m'amuse quand il me plaît de m'ennuyer. Je hais votre Omazette, on le trouve beau. Je le trouve laid, on vante son esprit. Je ne vois que ses sottises.

I N U T I L I S.

Malhonnête. Il sied bien à un petit gardeur de mou tel que vous, de parler ainsi d'un homme.....

S I M O N.

Je ne suis pas poli.

I N U T I L I S.

Air : *De la Gageure inutile.*

Eh quoi ! vous ne savez pas feindre

Avec ceux que vous n'aimez pas.

Vous ne savez pas vous contraindre ;

Souffrir, et murmurer tout bas.

Vous vous permettez la menace.

Pauvre ignorant , pauvre insensé ,

Vous ne flattez pas l'homme en place ,

Vous ne serez jamais placé.

SCENE VII.

L E S P R E C E D E N S , RAFFLES.

R A F F L E S.

Eh ! sandis quésaco ? Un joli homme, et une jolie femme se disputent entr'eux ?

I N U T I L I S.

Un insolent qui ose me dire du mal d'Omazette.

R A F F L E S.

Du mal d'Omazette. Ma sœur, chacun a son opinion , et je suis étonné que connaissant la mienne sur le quidam, vous vous obstiniez à vouloir l'épouser.

I N U T I L I S.

Vous lui en voulez toujours.

R A F F L E S.

Et j'ai grand tort cadédis ; un drôle qui vient ici se mettre à ma place , supplanter un gascon ! Et d'où vient-il ? d'où sort-il ? quel est-il ? qui le sait ? Jégage que cet homme-là n'a pas l'ombre d'un ayeul.

I N U T I L I S.

Mais mon frère.

R A F F L E S.

Air : *Une fille est un oiseau.*

Vous savez qué jé descends

D'un haut baron par mon père ;

Qué jé descends par ma mère

D'un commandeur des croyans.

Jé descends par ma grand'tante
Dés anciens rois de Tarente
Dont la ligne descendante....

INUTILIS.

Eh ! mon Dieu, n'achevez pas.
Il est aisé de comprendre
Comme, à force de descendre,
Vous vous trouvez aussi bas.

RAFFLES.

Je mérélèverai.

INUTILIS.

Air: *Ce Magistrat irréprochable.*

Qu'importe un nom dont on hérite,
Et qu'on ne sait pas soutenir.
Mon frère, c'est par le mérite
Qu'il est flatteur de parvenir.
Un grand homme a su nous apprendre,
Sans qu'il eut des rois pour ayeux,
Qu'on n'a bas besoin d'en descendre
Pour s'élever au-dessus d'eux.

Bonsoir.

RAFFLES.

Comment bonsoir, on ne vous reverra pas.

INUTILIS.

Non. Je vais m'enfermer dans ma chambre pour voir si l'on viendra m'y chercher. Adieu.

SCENE VIII.

RAFFLES, SIMON.

RAFFLES.

Etranger, un mot;

SIMON.

Que voulez-vous ?

RAFFLES.

Je ne vous connais pas ; mais je sais qui vous êtes,

S I M O N.

Vous savez...

R A F F L E S.

Oui, vous êtes tout au moins gentilhomme.

S I M O N.

Moi.

Air : *Le petit mot pour rire.*

Vous êtes noble, mon enfant ;
Dans un château cerrainement
Vous avez reçu l'être.

S I M O N.

Non. C'était une humble maison.

R A F F L E S.

Eh ! qu'y faisiez-vous, mon garçon ?

S I M O N.

J'y gardais les moutons.

R A F F L E S.

Eh donc ! gentilhomme champêtre !

S I M O N.

Au fait.

R A F F L E S.

Le voici. Vous aimez ma sœur, nous n'aimez pas Omazette. Défaites-moi de l'un, je vous fais présent de l'autre.

S I M O N.

Vous défaire d'Omazette, et comment !

R A F F L E S.

Et comme vous voudrez. Délà... délà... ou délà, coup
de pied... coup de poing... coup de bâton. Il m'est aussi
agréable l'un que l'autre.

S I M O N.

Mais c'est un guet à pend.

R A F F L E S.

Non, moussû, cela s'appelle une gentillesse dramatique.
Voulez-vous être de la gentillesse, oui ou non ?

S I M O N.

Non.

R A F F L E S.

En ce cas, point de sœur.

S I M O N.

Oui.

R A F F L E S.

Vous acceptez ?

SIMON.

Non.

RAFFLES.

Eh oui ! eh non ! sandis , il faut se décider.

SIMON.

Ecoutez donc. C'est que conspirer comme ça à l'improviste
sans se connaître....

RAFFLES.

Hé! je crois que je vous donne ma Sœur assez lestement.

SIMON, *lui tendant la main.*

C'est dit.

RAFFLES.

Epoux d'Inutilis , dans mes bras je te presse.

Air : *Sous le nom de l'amitié.*

Conspirons innocemment ,
Mon cher petit beau-frère.

SIMON.

Sans art, et sans mystère
Préparons le dénoument.

RAFFLES.

Au moins dans cette affaire
Nul en nous ne verra
Ni *Brutus* ,

SIMON.

Ni *Cinna.*

RAFFLES.

Ni même Catilina.

ENSEMBLE.

Ni Brutus , etc.

SCENE IX.

SIMON, *seul.*

Oui , Omazette aura son affaire. Mais quoi... Un homme
qui ne se doute de rien, qui me fait mille politesses , qui
chérit toute ma famille. J'oserais,.. Je pourrais... Tiens ,
ça me va bien à moi d'avoir des scrupules après ce que je me
suis permis envers mon frère.

Air : *Du Parlement.*

Allons , je dois subir mon sort ;
Quelque malheur qui me menace,
Destin, sauve-moi du remord ,
Te dirait un autre à ma place,
Mais moi , j'y mets plus de candeur ,
S'il faut qu'à ta loi j'obéisse,
Le remord ne me fait pas peur ,
Mais sauve-moi de ta justice.

SCÈNE X.

SIMON, BEAUJASMIN.

BEAUJASMIN, *accourant.*

Hé ! mon frère, mon frère ! qu'eu joie ! qu'eu plaisir !
v'là not' bon père qu'arrive.

SIMON.

Mon père !

BEAUJASMIN.

Monsieur Omazette a envoyé au-devant d'lui les gardes
champêtres , les ménétriers.

SIMON.

Tu m'épouvantes.

BEAUJASMIN.

Entends-tu les violons ?

SIMON

Tu me déchires.

BEAUJASMIN.

Courons donc l'embrasser ?

SIMON.

Je me sauve.

BEAUJASMIN.

Tu ne veux pas embrasser papa.

SIMON.

Quand je ne fumais pas j'aimais à l'embrasser.

(*Il s'enfuit.*)

BEAUJASMIN.

Ah ! mon Dieu , comme il est changé , faut qu'il ait fa'
quelque mauvais coup , mon bou frère.

SCENE XI.

BEAUJASMIN , JACO , et son cortège, portant un fauteuil derrière lui.

CHOEUR.

Air : *A la papa.*

Nous marchons péniblement ,

Nous arrivons lentement ,

Mais que faire à ça ?

Notre père

Est centenaire ,

A cet âge là ,

On va cahin, caha ,

A la papa, à , à la papa.

JACO , *s'asseyant.*

Me voici rendu.

BEAUJASMIN.

Je crois ben qu'vous d'vez l'être.

JACO.

Air : *L'Hymen est un lien charmant.*

Enfin sans savoir la raison ,

Qui m'a fait battre la campagne ,

Je vais donc pleurer en Champagne

Auprès de Monsieur Farinon ,   (*bis.*)

De cet illustre personnage ,

Je dois attendre un bon accueil ,

J'encombrerai peu son ménage ,

Mon bâton est tout mon bagage ,

Mes neuf enfans , et mon fauteuil

Sont mes compagnons de voyage.

BEAUJASMIN.

Par mon âme, papa, je crois que votre barbe est encore grandie.

JACO.

Tais-toi badin : mais dis-moi un peu, est-ce qu'il n'y a pas quelqu'un pour nous recevoir ?

BEAUJASMIN.

Neny, mais p'têt' ben qu'on viendra ?

J A C O.

C'est qu'il est convenable je crois, que je me fasse pré-
senter à monsieur Farinon.

B E A U J A S M I N.

Le maître du logis? Oh ! n'y comptez pas, il ne voit personne , et personne ne le voit. C'est monsieur Omazette qui
fait tout dans la maison.

J A C O.

Sais-tu ce qu'il me veut ce monsieur Omazette ?

B E A U J A S M I N.

Ah ! dame, il vous le dira, il cause volontiers, il n'est
pas fier du tout, c'est un brave homme , bien douccreux.

J A C O.

Doucereux ! ah ! j'en pleure de joie ! il me rappelle Joset...
Joset ! Joset !

U N D E S F R E R E S.

Air : *Des Pendus.*

Quoi ! parler toujours de Joset,

U N A U T R E.

Ne jamais songer qu'à Joset !

T O U S L E S F R E R E S.

C'est une chose insuportable.

J A C O, *les interrompant.*

Eh bien ! je crois que vous raisonnez ; paix, Messieurs ,
vous n'êtes pas ici pour causer, restés derrière mon fauteuil
et taisez-vous.

U N D E S F R E R E S.

Mais mon père , nos cœurs....

J A C O.

Vos cœurs doivent se taire , mon cœur paternel en dira
bien assés. Mais mon Dieu , je ne vois point Simon parmi
vous.

B E A U J A S M I N.

Ah ! il n'est pas perdu , mais il est toujours comme vous
savez.

J A C O.

Comment , sa tête n'est pas remise.

B E A U J A S M I N.

Ben au contraire, elle se démet tous les jours.

J A C O.

Bon , voilà encore de quoi pleurer , où nous a-t-on con-
duits.

B E A U J A S M I N.

Eh ! j'sommes dans la Champagne Pouilleuse.

J A C O.

O riche Normandie ! rive du Cotentin ! beure d'Isigny !
huitres de la délivrande ! recevez mes adieux.

B E A U J A S M I N.

Ah ! bah ! vous serez aussi bien ici, qu'au pays.

J A C O.

Jamais , jamais . . .

Air : *J'ai perdu mon âne.*

Dans la Normandie ,   (*bis.*)

Quelle douce vie !   (*bis.*)

J'étais sûr de garder mon bien ;

Car je ne prêtais jamais rien ,

Dans la Normandie.   (*bis.*

B E A U J A S M I N.

Oh ! c'est vrai.

J A C O.

A certaines fêtes ,   (*bis.*

Je tondais mes bêtes ,   (*bis.*)

Elles m'offraient un dos soumis ,

Retrouverai-je en ce pays

D'aussi bonnes bêtes.   (*bis.*)

B E A U J A M I N.

Il y a de bonnes gens par-tout, ne vous inquiétez de
rien , on aura soins de vous.

J A C O.

Oui.

Mon sort intéresse ,   (*bis.*)

Et j'ai la promesse ,   (*bis.*)

Que céans , nous serons contens.

Mais hélas !

Ici comme chez les Normands ,

Tient-on sa promesse.   (*bis.*)

B E A U J A S M I N.

Paix, papa , v'là quelqu'un.

J A C O.

Est-ce Simon ?

B E A U J A S M I N.

Non , c'est un Monsieur du logis.

J A C O.

Va me chercher Simon , je veux mon Simon moi, je
veux mon Simon.   (*Beaujasmin sort.*)

SCENE XII.

Lrs mêmes, HAZARDEL en robe, OMAZETTE derrière lui.
(*Il arrive gravement sur la marche des apothicaires, s'ap-*
proche de Jaco, et lui tâte le pouls.)

JACO.

Monsieur, puis-je savoir à quoi bon cette cérémonie ?

HAZARDEL.

Chut.

Air : *Dodo, l'enfant do.*

Observons bien si c'est l'instant
De faire la reconnaissance ;
Ouais ! le pouls est intermitant,
Il faut ici de la prudence.

JACO.

Mais Monsieur.

HAZARDEL.

Comme il a froid, comme il a chaud !
Le pouls s'élève encore plus haut.

OMAZETTE, *bas à Hazardel, par derrière.*
La reconnaissance.

HAZARDEL.

Oh, oh ! trop tôt,
on se reconnaîtra tantôt.

Des complimens, des nouvelles du pays, quelques paroles insignifiantes. Voilà tout ce que je peux vous per-
mettre pour le moment, M. Omazette.

JACO.

M. Omazette.

OMAZETTE.

Que faites-vous, brave homme ?

JACO.

Et puis-je faire moins devant un homme aussi étonnant,
aussi obligeant que vous.

OMAZETTE.

Ce que je fais est très-ordinaire.

JACO.

Non, non. Vous ne faites rien comme un autre.

Air ; *De la Palisse.*

Vous empêchez de partir
Deux jeunes gens très-ingambes,
Et puis vous faites courir
Un vieux qui n'a plus de jambes.
Vous nous recevez au mieux

Dans la demeure d'un autre,

Et vous êtes généreux

Sans rien dépenser du vôtre.

O M A Z E T T E.

Il faut faire comme tout le monde.

J A C O.

Enfin vous charmez toujours,

Et votre éloquence enivre.

On dirait que vos discours

Vous les prenez dans un livre.

O M A Z E T T E.

J'ai ouï dire que vous étiez heureux en Normandie.

J A C O.

Et voilà pourquoi vous me faites venir en Champagne. Que de grâces à vous rendre !

O M A Z E T T E.

Ai-je l'honneur de saluer ici tous vos charmans enfans ?

H A Z A R D E L.

Ah ! quelles diable de questions ?

O M A Z E T T E.

Mais il faut bien entamer l'affaire.

J A C O.

Oh ! j'avais un fils bien plus gentil que tous ceux-là.

O M A Z E T T E.

Encore. Et qu'en avez-vous fait ?

J A C O.

Ah ! ne m'en parlez pas ; des laines à vendre, un voyage à St.-Malo, une mauvaise rencontre ; sa paire de sabots est tout ce qui me reste...

O M A Z E T T E.

Hélas !

J A C O.

Vous plaignez mes malheurs.

O M A Z E T T E.

Si je les plains, mon père !

H A Z A R D E L.

Eh bien !

O M A Z E T T E.

Ça m'est échapé.

J A C O.

Air : *Qu'il est joli.*

Quel nom charmant vous me faites entendre !

Que votre voix est tendre !

Ah ! j'en suis tout saisi !

Qu'il est poli !

Qu'il est joli !

Il ressemble à Joset. On dirait que c'est lui.

O M A Z E T T E.

Non. Ce n'est pas encor moi.

S C E N E XIV.

LES PRECEDENS, BEAUJASMIN.

J A C O.

Ah! mon Dieu ! je crois qu'il tourne.

O M A Z E T T E.

Non , c'est le tambour. L'action va commencer.

B A U J A S M I N.

Air : *De Catinat.*

Raffles. Oh ciel ! je réponds des destins ,

Le bâton de Jacot a passé dans mes mains.

T O U S.

Où faut-il aller ?

O M A Z E T T E.

Asseyez-vous , silence et immobilité. Je vais vous dire tout
ce qui se passe.

Air : *De l'Enfantine.*

De ce bâton prophétique

Suivez le cercle magique ;

Ce que j'y vois vous explique

Ce que vous ne voyez pas.

Tenez , regardez.

Le Gascon tremble et balance.

Déjà trois fois il a fui ;

Mais de rechef il s'élance

Poussant Simon devant lui.

Ah ! grand Dieu, comme on se tape ,

Et ce Simon comme il frape !

Dans ce coin Raffles attrape

Un soufflet

Qui lui déplaît

Mais d'où vient ce nuage blanc.

L'œil étincelant

Le courroux brûlant,

Monsieur Farinou

Voit de son donjon

Ces mal-avisés,

Et soudain les a toisés.

Il cherche, il trouve la foudre

Dans un sac qu'on vient de moudre.

De farine il les soupoudre,

Ils sont tous pulvérisés.

SCENE XV.

LES PRECEDENS, SIMON.

SIMON.

Ça n'est pas vrai.

TOUS.

Simon, Dieux !

JACO.

Quelle morne pâleur a blanchi sa figure.

SIMON.

C'est de la farine. Raffles s'est enfui, je pouvais m'enfuir de même ; mais je suis resté parce que j'ai à vous parler.

JACO.

Malheureux, tu ne rougis pas de ce que tu viens de faire.

SIMON.

Bah ! j'en ai fait bien d'autres. Vous souvient-il que vous n'aimiez que Joset, que vous ne parliez que de Joset, de l'esprit de Joset, du teint frais de Joset, toujours Joset.

JACO.

Eh bien !

SIMON.

Ça me donna de l'humeur.

LES FRÈRES, *l'interrompant.*

Hum... hum... hum...

SIMON.

Il faut que ça parte. Vous en voulez aux chiens de S.-Malo ; les chiens sont innocens : c'est moi qui l'engageai sur un vaisseau, j'en ai fait un mousse.

JACO.

Joset mousse !

HAZARDEL, *à Omazette.*

Il va le tuer de douleur. Il vaut mieux le faire mourir de plaisir. Allez.

S I M O N.

Air : *Ah ! le cœur à la danse.*

Je l'embarque par un gros tems.

O M A Z E T T E.

Il a fait bon voyage.

S I M O N.

Peut être pris par des forbans.

O M A Z E T T E.

Il est hors d'esclavage.

S I M O N.

Peut-être il n'a pas deux sous.

O M A Z E T T E.

Il est plus riche que vous.

T O U S.

Vers lui mon cœur s'élance.

Quel destin a pu le sauver ?

S'il est dans l'opulence,

Il faut le retrouver.

Où est-il ?

J A C O.

Parlez, parlez, je vous en conjure.

O M A Z E T T E.

Doucement, point d'éclat, ménageons nos sensibilités.

O M A Z E T T E.

Air : *Joseph est bien marié.*

Traitons ceci d'un ton doux.

C H Œ U R.

Traitons ceci d'un ton doux.

O M A Z E T T E.

Joset est tout près de vous.

C H Œ U R.

Joset est tout près de nous.

O M A Z E T T E.

Ce fils si pressé, si tendre,

Est las de vous faire attendre.

Papa, réjouissez-vous ;

Le voilà sur vos genoux.

OMAZETTE.

CHŒUR GÉNÉRAL.

Quoi! c'est Joset!

Quoi! c'est Joset!

JACO.

Air : *De la Pieté filiale.*

Oui. Le voilà cet enchanteur

Qui, par une heureuse magie,

A tous les tons sait plier son génie,

Charmer l'esprit et subjuguer le cœur.

Celui dont l'âme sans égale

Peint si bieu les grands sentiments,

Devait encor embellir les accens

De la piété filiale.

BEAUJASMIN, *à son père.*

Tu vas rire à présent.

JACO.

Hé! hé! hé! Je crois que oui.

OMAZETTE.

Eh quoi! frère Simon, tu peux fumer encore!

SIMON, *fumant.*

Pouah!

OMAZETTE.

Beaujasmin, toi qui as conservé l'accent du pays, vas donc lui dire quelqu'une de ses petites drôleries que tu dis si bien.

BEAUJASMIN.

Allons, frère, ne fais donc pas comme ça.... Tu sais bien nous autres normands, je n'avons pas de rancune.

SIMON, *attendri.*

Ah! effectivement voilà que ça se passe. Bonjour, Monseigneur. (*à Omazette!*) Monseigneur...

OMAZETTE.

Appelle-moi Joset, et que cela finisse.

SCENE XVI.

LES PRECEDENS, MLLE. DUMAIS *à une fenêtre.*

DUMAÏS.

Comment, que ça finisse! Sans moi! vous êtes polis, messieurs.

O M A Z E T T E.

A propos, voilà l'autre.

D U M A I S,

Air: *Des Visitandines.*

C'est moi qu'on épouse, j'espère;
Avez-vous fini vos débats?...
Je reste en l'air, que dois-je faire?
Viendrai-je, ou ne viendrai-je pas?

O M A Z E T T E.

O! précieuse retenue!
Venez; vous savez dès-long-tems
Qu'avec des yeux aussi charmans
On est toujours la bien-venue.

J A C O.

Joset! qu'est-ce que c'est donc que cette demoiselle?

O M A Z E T T E.

C'est la sœur de mon ennemi, mademoiselle Inutilis,
que j'épouse. J'avais oublié de vous le dire.

J A C O.

Madame Inutilis, dis-tu?

O M A Z E T T E.

Oui, mon père, elle a un peu d'amour pour moi, et pour
qui je brûle d'amour sans que ça paraisse. Approchez, ma
belle amie. Ces messieurs sont mes frères, et monsieur mon
papa.

J A C O.

Ah! nous voilà donc tous réunis, et nous allons tous vivre
en famille.

O M A Z E T T E.

Tous? non, Beaujasmin n'est ici qu'en passant.

J A C O.

Comment?

O M A Z E T T E.

Ecoute, cher papa. C'est un petit arrangement que je vais
vous faire comprendre par une petite allégorie.

Air:

Pour certaine fête on prêta
Un diamant à Melpomène;
Mais tu sais ce qu'on emprunta;
Il ne faut pas qu'on la retienne.

Ce jeune et joli Beaujasmin,

Que ton cœur aime à la folie,

Avant d'être ton Benjamin,

Fut le Benjamin de Thalie.

HAZARDEL.

C'est ça une reconnaissance.

JOSET.

Mais que nous veut le secretaire de Monsieur, est-ce qu'il y aurait du nouveau ?

SCENE XVIII.

LES PRÉCÉDENS, LE SECRETAIRE.

LE SECRETAIRE.

Oui, mes amis, grande nouvelle, grand concert ce soir chez monsieur Farinon ; instruit de l'arrivée du papa Jaco, de sa belle reconnaissance avec son fils, et du beau repentir de ces Messieurs, il a fait mettre tout ça en musique, et voici vos rôles que je vous apporte.

JOSET.

Plaisantez-vous ? mon papa, mes frères, et moi, nous n'avons jamais chanté que des cantiques.

LE SECRETAIRE.

Hé bien ! vous chanterez des cantiques.

JOSET.

Mais ; mon ami, cela ne sera pas gai du tout.

LE SECRETAIRE.

Eh ! qui vous demande de la gaîté, c'est une manière d'opéra-comique.

JACO.

Ah ! mon dieu !

JOSET.

Qu'est-ce donc ?

JACO.

Je n'y vois plus, cette musique m'aveugle.

LE SECRETAIRE.

Tant mieux, elle en aveuglé bien d'autre, voyez voyez . . .

JOSET.

Juste ciel, que de note !

Air : *De M. Guillaume.*

Cela vraiment produira des merveilles,

Les belles barres que voilà ;

Avec cette musique là.

JACO.

Tu crois ?

JOSET.

Rien qu'à la voir, si votre œil un peu tendre,
Est tout-à-coup privé du jour,
Mon cher papa je tremble qu'à l'entendre,
Vous ne deveniez sourd.

JACO.

Tu me fais trembler.

LE SECRETAIRE.

Laissez donc, est-ce que le docteur n'est pas là.

BEAUJASMIN.

Bah, bah, tout cela ferait un joli charivari.

LE SECRETAIRE.

Et voilà précisément ce qui nous met dans un enthou-
siasme...

BEAUJASMIN.

Ça se passera.

LE SECRETAIRE.

Je vous dis que l'exaltatiou est à son comble.

BEAUJASMIN.

Tiens.

Air : *Des bourgeois.*

Notre histoire bien vîte,

A scû vous exaltér,

A caus' qu'un la récite,

Un aut' veut la chanter,

G 'ia pus que la danser, mais tués je n'peux m'taire!

Ça n'était pas mal comm' c'était ;

A quoi bon r'fair' c'qu'un aut' a fait

Quand on n'sait pas mieux faire.

LE SECRETAIRE.

Pas mieux faire ! figurez-vous, mes amis, un sallon su-
perbement décoré.

JACO.

Diantre . c'est agréable pour un aveugle.

LE SECRETAIRE.

Des habits magnifiques.

BEAUJASMIN.

C'est quelque chose.

LE SECRETAIRE.

Air : *De la Trenitz.*

Vous, mon garçon,

Vous serez en jupon :

Du front

Vous descendront

      Deux rubans et deux glands
          Brillants.
        Ainsi paré;
     En ut, en sol, en ré,
    Vous nous direz deux mots
        De vos
      Petits agneaux.

(*A Jaco.*) Et vous en robe blanche,
     Étendu sur la hanche,
    Vous aurez carte blanche
    Pour dormir et ronfler,
    Votre fils qu'importune
    Sa trop haute fortune,
    Au doux clair de la lune,
    Viendra vous contempler.
    Le frère endurci,
    Plein de souci,
    Venant ensuite,
    Lui dira tout net,
    Je suis un très-mauvais sujet.
    Mais au jour naissant,
    Tous deux gaîment,
    Prendront la fuite,
    De peur d'être vus
    Par un père qui n'y voit plus.
(*A Beaujasmin.*) Cher innocent.

    Vous perdrez votre accent
       Décent;
      Vos petit airs
    Ne vaudront pas les vers
       Si chers
      Que vous disiez,
    Lorsque tant vous plaisiez;
    Mais vous serez, mon cœur,
    Un bel enfant de chœur.
    Puis en riche équipage,
    Deux valets d'attelage
    D'ici jusqu'au village
    Tous trois nous traîneront.

(*Aux frères.*) Ces Messieurs sont ingambes,
    Ils ont de bonnes jambes,
    Chantant des dythirambes,
    Par derriere ils suivront;
     Dans un beau festin;
     Sans pain, sans vin,
     Mais en musique,

Des harpes seront,
Et des vierges en pinceront.
Puis, comme un démon
Viendra Simon
Le frenetique
Faire tant bruit
Que d'un père il sera maudit.
Alors Joseph
Vous dira de son chef,
Pardonnez son méchef;
Papa, je suis Joseph;
Et bref,
A ce mot là,
Chacun dira;
Ah! ah!
Chacun sera béni,
Et tout sera fini.

JOSET.

Quoi, ce n'est que cela?

LE SECRETAIRE.

Vous voyez bien que ce n'est rien. Je vais dire à monsieur Farinon que vous allez venir.

JOSET.

Oui, oui, quand nous aurons fini de nous reconnaître.

VAUDEVILLE.

Air : *Il ne faut pas vous alarmer.*

JACO.

Au théâtre il n'est pas aisé
De faire des reconnaissances.
Il faut un esprit avisé
Pour courir de pareilles chances.
Dans le monde c'est encor pis :
Que de masques on voit paraître!
Les bonnes gens, les vrais amis,
Comment peut-on les reconnaître?

SIMON.

Tantôt Pasquin chemine à pied,
Tantôt Pasquin est en voiture;
Tantôt Pasquin est oublié,
Et tantôt Pasquin fait figure.
Hier Pasquin cherchait un valet,
Aujourd'hui Pasquin cherche un maître.
Pour ce qu'il fut, pour ce qu'il est,
Comment diable le reconnaître?

INUTILIS.

Mon ami, recevez ma foi,
Je vous la dois de préférence.
Vous n'êtes pas gênant pour moi,
Vous ne plaignez pas la dépense.
Vous n'êtes brutal, ni jaloux,
Vous ne parlez jamais en maître.
Tâchez, devenant mon époux,
Que je puisse vous reconnaître.

INUTILIS.

Quel est donc le peintre nouveau
Qui de Joseph traça l'histoire !
Et qui, dans ce premier tableau,
S'est à jamais couvert de gloire.
Aux traits hardis, au grand talent
Que sur la scène il fait paraître,
D'Ossian le chantre éloquent
Est bien facile à reconnaître.

OMAZETTE.

Amis, quel est donc ce héros
Qui, toujours guidé par la gloire,
Déploye à peine ses drapeaux ;
Qu'ils sont suivis par la victoire?
A ces flots pressés d'ennemis
Que d'un souffle on voit disparaître,
Le triomphateur d'Austerlitz
Est bien facile à reconnaître.

BEAUJASMIN.

Dans un ouvrage destiné
A briller long-tems sur la scène
Vos suffrages ont couronné
Les favoris de Melpomène ;
Votre goût et votre équité
Chez nos voisins ont su paraître.
Par l'indulgence et la bonté
Chez nous faites-vous reconnaître.

FIN.

De l'Imprimerie de MALDAN, Rue St. Denis,
à la Cornemuse, N° 341

www.ingramcontent.com/pod-product-compliance
Ingram Content Group UK Ltd.
Pitfield, Milton Keynes, MK11 3LW, UK
UKHW031734170726
13836UKWH00002B/657